Wer? Wie? Was?

Lieder machen Spaß!

25 ganz leichte Lieder für den Anfangsunterricht

in Deutsch als Fremdsprache

von Manfred Wahl

Das Liederheft zur Audio-CD

GILDE Verlag

Die deutschen Notennamen

Impressum:
Texte und Musik: Manfred Wahl
Illustrationen: John Wood
Transkription: Marianne Holz/Ulrich Hagen
Notensatz: Wim Mergenbaum
2004 Zweite Auflage
ISBN 3-86035-005-6
Bestellnummer 005
© 1993 by VUB PRINTMEDIA GmbH, Abt. Gilde Verlag
Rubensstr. 1-3, 50676 Köln, Online: http://www.gilde-verlag.de

Alle Rechte vorbehalten. Nachdruck – auch auszugsweise – und Vervielfältigung durch alle Verfahren, einschließlich elektronischer Speicherung und Herstellung von Mikrofilmen, wie auch jede Übertragung auf Papier, Folien, Transparente, Filme, Tonträger und andere Medien sind ohne schriftliche Genehmigung des Verlags nicht gestattet.
Gesamtherstellung: MVR Druck GmbH, Kölnstr. 109, 50321 Brühl
Printed in Germany • Gedruckt auf chlorfrei gebleichtem Papier

Inhalt

1.	Wer? Wie? Was?	4
2.	Die Wochentage	6
3.	Die Monate	7
4.	Die Possessivpronomen	8
5.	Ich wohne hier …	9
6.	Das Konjugationslied	10
7.	Eins, zwei, Polizei	12
8.	1+10 = 11	14
9.	Ein Regenbogen	15
10.	Jeden Morgen kommen Kinder …	16
11.	Am Montag ...	18
12.	Meine Familie	20
13.	Ich kann nicht zur Schule geh'n	22
14.	Wo ist Peter?	24
15.	Wohin gehst du?	25
16.	Das Dativ-Lied	26
17.	Die Fragen	27
18.	Das Akkusativ-Lied	28
19.	Auf die Frage "Wer?"	29
20.	Ich brauche mal den Schlüssel	30
21.	Das Supermann-Lied	32
22.	Warum kommst du …?	34
23.	Schulalltag	36
24.	Ich habe keine Lust!	38
25.	Das Nachhause-Lied	40

Hinweise zu den Liedern 42

Nachwort 46

1. Wer? Wie? Was?

Wer? Wie? Was?
Wir fragen dies und das.
Wir fragen auch: Warum?
Denn wer nicht fragt, bleibt dumm.

2. Die Wochentage

Montag
Dienstag
Mittwoch
Donnerstag
Freitag
Samstag
Sonntag

3. Die Monate

4. Die Possessivpronomen

V: Ich C: Das ist mein Ball. V: Du C: Das ist dein Ball.

V: Er C: Das ist sein Ball. V: Sie C: Das ist ihr Ball.

V: Wir C: Das ist un-ser Ball. V: Ihr C: Das ist eu-er Ball.

V: Sie C: Das ist ihr Ball. V: Ich C: Das ist mein Ball...

(usw.)

Ich- Das ist mei-ne Hand. Du- Das ist dei-ne Hand.

Er- Das ist sei-ne Hand. Ich- Das ist mei-ne Hand.

Sie- Das ist ih-re Hand. Wir- Das ist un-se-re Hand...

(usw.)

Ich - Das ist mein Ball.
Du - Das ist dein Ball.
Er - Das ist sein Ball.
Sie - Das ist ihr Ball.
Wir - Das ist unser Ball.
Ihr - Das ist euer Ball.
Sie - Das ist ihr Ball.

5. Ich wohne hier...

Ich wohne hier, und du wohnst dort.
Du wohnst dort, und ich wohne hier.
Ich wohne hier, und du wohnst dort.
Wir wohnen in Köln am Rhein.

6. Das Konjugationslied

Ich lerne, du lernst,
Er, es, sie lernt.
Wir lernen, ihr lernt,
Sie alle lernen.
Was denn? Was denn?
Wir lernen Deutsch.

Ich fahre, du fährst,
Er, es, sie fährt.
Wir fahren, ihr fahrt.
Sie alle fahren.
Wohin denn? Wohin denn?
Wir fahren nach Berlin.

7. Eins, zwei, Polizei

Eins, zwei – Polizei,
Drei, vier – Offizier,
Fünf, sechs – alte Hex',
Sieben, acht – gute Nacht,
Neun und zehn – auf Wiedersehen!

oder:

Eins, zwei – dickes Ei,
Drei, vier – das sind wir,
Fünf, sechs – Tintenklecks,
Sieben, acht – gut gemacht,
Neun und zehn – auf Wiedersehen!
                (wir müssen gehen!)

8. 1 + 1 0 = 11

Zwei plus zehn ist zwölf.
Drei plus zehn ist dreizehn.
Vier plus zehn ist vierzehn.
Fünf plus zehn ist fünfzehn.
Sechs plus zehn ist sechzehn.
Sieben plus zehn ist siebzehn.

Acht plus zehn ist achtzehn.
Neun plus zehn ist neunzehn.
Und was kommt dann?
Dann fängt's von vorne an.
Dann kommt die Zwanzig dran.

9. Ein Regenbogen

Kanon

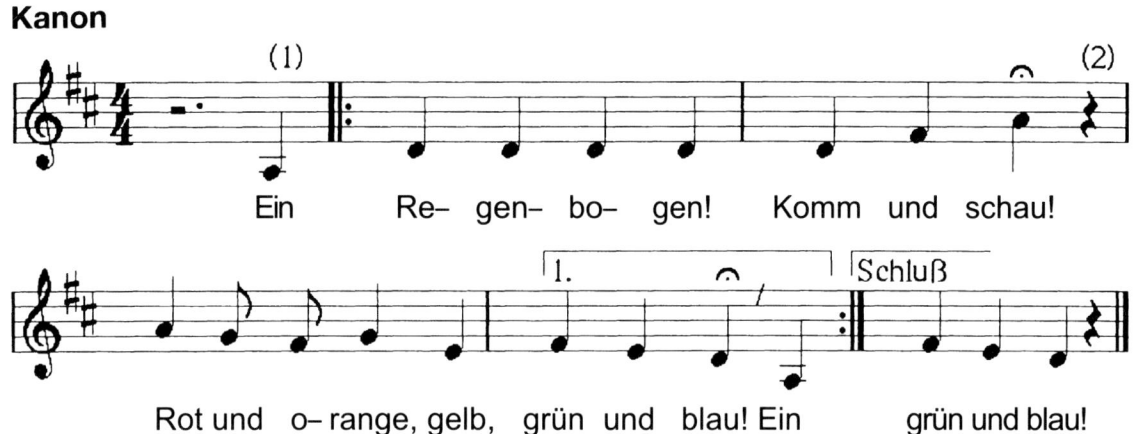

Ein Regenbogen! Komm und schau!
Rot und o- range, gelb, grün und blau! Ein   grün und blau!

Ein Regenbogen!
Komm und schau!
Rot und orange, gelb, grün und blau!

10. Jeden Morgen kommen Kinder ...

Jeden Morgen kommen Kinder
in die Schule her.
Die Lehrer zähl'n die Kinderlein.
Das ist doch gar nicht schwer.
Zehn, zwanzig, dreißig, vierzig, fünfzig Kinderlein.
Sechzig, siebzig, achtzig, neunzig, hundert Kinderlein.

Variante:

Jeden Morgen kommen Lehrer
in die Schule her.
Die Kinder zähl'n die Lehrerlein.
Das ist doch gar nicht schwer.
Zehn, zwanzig, dreißig, vierzig, fünfzig Lehrerlein.
Sechzig, siebzig, achtzig, neunzig, hundert Lehrerlein.

11. Am Montag ...

Am Montag fahr' ich Fahrrad.
Am Dienstag seh' ich fern.
Am Mittwoch spiel' ich Fußball.
Das mach' ich sehr, sehr gern.
Am Donnerstag, da schwimmen wir.
Am Freitag spiele ich Klavier.

Am Samstag kommt Frau Stange.
Am Sonntag schlaf ich lange.
Und schon hör' ich die Mama:
Komm, Peter, steh' auf! Schule!
Ja, dann ist der Montag da!
Ja, dann ist der Montag da!

12. Meine Familie

Mein Vater heißt Hans.
Mein Opa heißt Franz.
Meine Mutter heißt Renate.
Meine Schwester heißt Beate.
Meine Oma heißt Ottilie.
Das ist meine Familie.
Ich heiße Fritz.
Und mein Hund heißt Spitz.

13. Ich kann nicht zur Schule geh'n

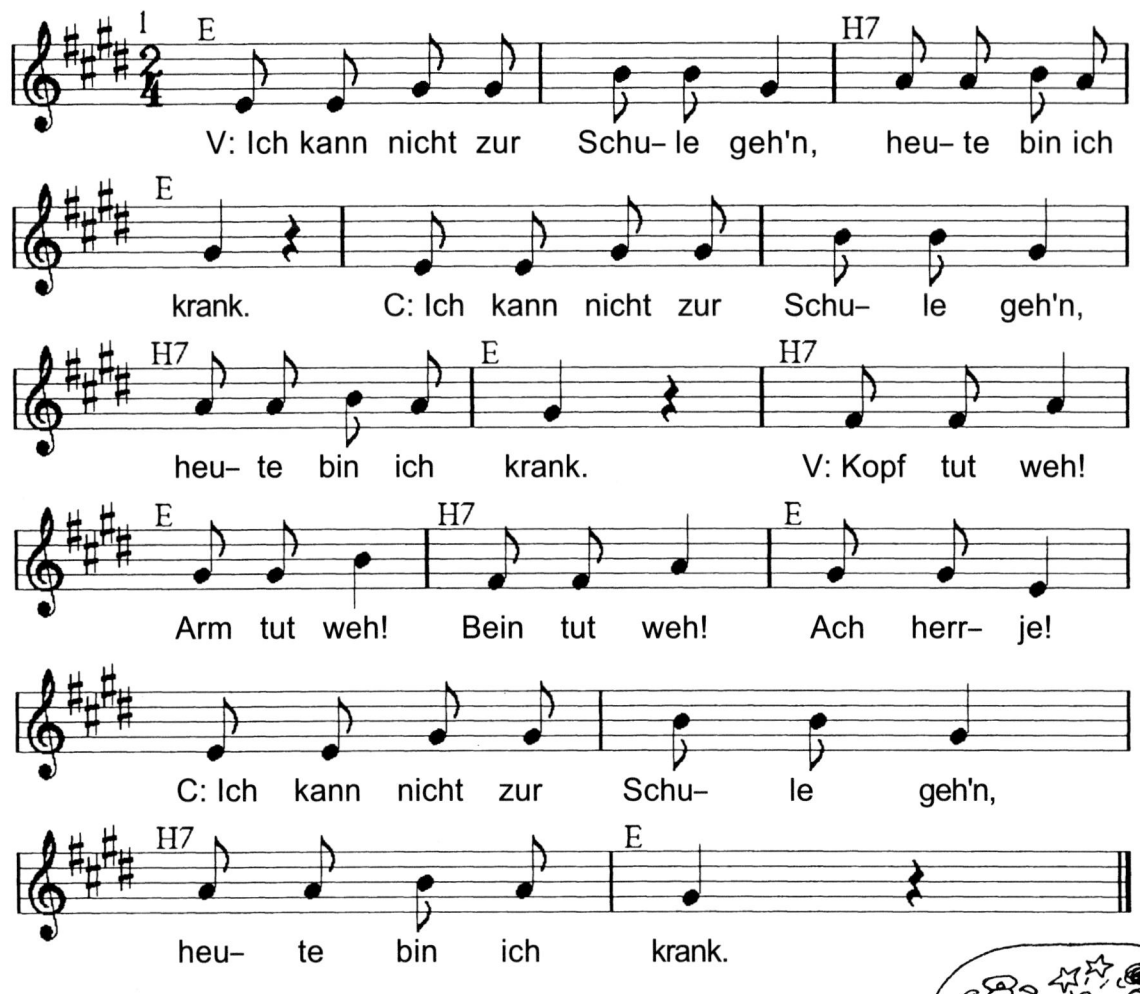

Ich kann nicht zur Schule geh'n,
Heute bin ich krank.
Ich kann nicht zur Schule geh'n,
Heute bin ich krank.

Kopf tut weh! Arm tut weh!
Bein tut weh! Ach, herrje!
Ich kann nicht zur Schule geh'n,
Heute bin ich krank.

V: Ich kann nicht zur Schule geh'n. Alle sind heut' krank.
C: Ich kann nicht zur Schule geh'n. Alle sind heut' krank.
V: Busfahrer krank! Rektor krank! Lehrer krank! Alle krank!
C: Ich muss nicht zur Schule geh'n! Alle sind heut' krank.

Variante:

Ich kann nicht zur Schule geh'n.
Alle sind heut' krank.
Ich kann nicht zur Schule geh'n.
Alle sind heut' krank.

Busfahrer krank! Rektor krank!
Lehrer krank! Alle krank!
Ich muss nicht zur Schule geh'n!
Alle sind heut' krank.

14. Wo ist Peter?

V: Wo ist Peter? C: Peter ist zu Haus!
V: Wo ist Karin? C: Karin ist zu Hause!
V: Wo ist Karin? C: Karin ist zu Haus!
V: Wo warst du gestern? C: Ich war nicht zu Haus!
V: Wo bist du heute? C: Heut' bin ich zu Hause!
V: Wo bist du heute? C: Heut' bin ich zu Haus!

Wo ist Peter?
Peter ist zu Haus.
Wo ist Peter?
Peter ist zu Haus.
Wo ist Karin?
Karin ist zu Hause.
Wo ist Karin?
Karin ist zu Haus!

Wo warst du gestern?
Ich war nicht zu Haus.
Wo warst du gestern?
Ich war nicht zu Haus.
Wo bist du heute?
Heut' bin ich zu Hause!
Wo bist du heute?
Heut' bin ich zu Haus!

15. Wohin gehst du?

Wohin gehst du? Wohin gehst du?
Ich gehe jetzt nach Hause.
Wohin gehst du? Wohin gehst du?
Ich gehe jetzt nach Haus.

Was macht die Ulla?
Sie geht jetzt nach Hause.
Was macht der Thomas?
Er geht jetzt nach Haus.

Wohin geht ihr? Wohin geht ihr?
Wir gehen jetzt nach Hause.
Wohin geht ihr? Wohin geht ihr?
Wir gehen jetzt nach Haus.

16. Das Dativ-Lied

(beim 2. Mal ausklingen lassen)

Aus, bei, mit, nach, seit, von, zu – Uh!
Aus, bei, mit, nach, seit, von, zu – Uh!
Aus, bei, mit, nach, seit, von, zu –
Verlangt den Dativ, verlangt den Dativ.
Aus, bei, mit, nach, seit, von, zu – Uh!
Aus, bei, mit, nach, seit, von, zu – Uh!
Aus, bei, mit, nach, seit, von, zu –
Verlangt den Dativ, verlangt den Dativ.
Verlangt den Dativ, verlangt den Dativ,
Verlangt den Dativ ...

17. Die Fragen

Die Fragen "Wo?", "Woher?" und "Wann?"
Haben in der Antwort Dativ.
Die Fragen "Wo?" "Woher?" und "Wann?"
Haben in der Antwort Dativ.

"Der" und "das" wird "dem",
"Die" wird "der".
"Der" und "das" wird "dem",
"Die" wird "der".

Die Fragen "Wo?" "Woher?" und "Wann?"
Haben in der Antwort Dativ!

18. Das Akkusativ-Lied

V: "für, um, durch, gegen, ohne"
C: "für, um, durch, gegen, ohne"
V: Das geht bei mir nicht schief!
C: Oh no! Ich nehme den Akkusativ.
C: Sowieso!

Für, um, durch, gegen, ohne;
Für, um, durch, gegen, ohne.
Das geht bei mir nicht schief! Oh no!
Ich nehme den Akkusativ.

Für, um, durch, gegen, ohne;
Für, um, durch, gegen, ohne.
Das geht bei mir nicht schief! Oh no!
Ich nehme den Akkusativ.
Sowieso!

19. Auf die Frage "Wer?"

Auf die Frage "Wer?", das ist doch gar nicht schwer, gibt es in der Antwort nur "die" oder "das" oder "der"!

Auf die Frage "Wer?",
Das ist doch gar nicht schwer,
Gibt es in der Antwort
Nur "die" oder "das" oder "der"!

20. Ich brauche mal den Schlüssel

Ich brauche mal den Schlüssel,
   die Klassentür ist zu.
Ich brauche mal den Schlüssel,
   die Klassentür ist zu.
Darf ich mal den Schlüssel haben?
Darf ich mal den Schlüssel haben?
Darf ich mal den Schlüssel haben?
Die Klassentür ist zu.

Ich habe keinen Schlüssel!
Es tut mir wirklich leid!
Ich habe keinen Schlüssel!
Es tut mir wirklich leid!
Du musst zu einem andern geh'n!
Du musst zu einem andern geh'n!
Du musst zu einem andern geh'n!
Es tut mir wirklich leid!

21. Das Supermann-Lied

"Mit" ist Supermann – "mit" ist Supermann.
"Der" heißt jetzt "mit dem"! "Der" heißt jetzt "mit dem".
"Der Ball" – "mit dem Ball", "der Ball" – "mit dem Ball".
Ich spiele mit dem Ball.

"Mit" ist Supermann – "mit" ist Supermann.
"Das" heißt jetzt "mit dem"! "Das" heißt jetzt "mit dem".
"Das Auto" – "mit dem Auto", "das Auto" – "mit dem Auto".
Ich fahre mit dem Auto.

"Mit" ist Supermann – "mit" ist Supermann.
"Die" heißt jetzt "mit der"! "Die" heißt jetzt "mit der".
"Die Puppe" – "mit der Puppe", "die Puppe" – "mit der Puppe".
Ich spiele mit der Puppe.

22. Warum kommst du ...?

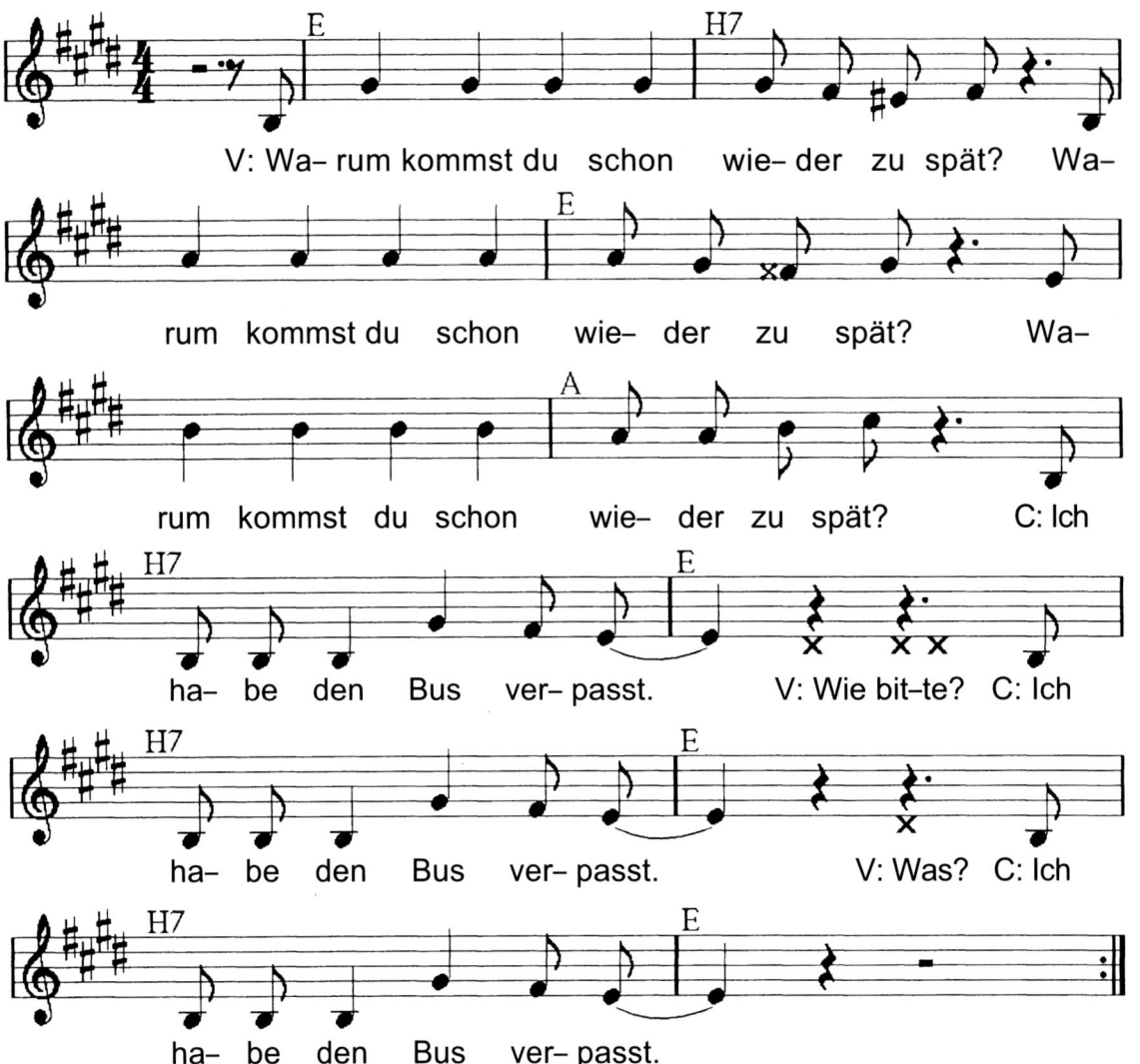

Warum kommst du schon wieder zu spät?
Warum kommst du schon wieder zu spät?
Warum kommst du schon wieder zu spät?
Ich habe den Bus verpasst.

Wo hast du denn deine Hausaufgabe?
Wo hast du denn deine Hausaufgabe?
Wo hast du denn deine Hausaufgabe?
Ich habe sie nicht gemacht.

Dafür bekommst du ein dickes 1!
Dafür bekommst du ein dickes 1!
Dafür bekommst du ein dickes 1!
Das ist mir piepegal!

23. Schulalltag

Es ist so schrecklich kalt in der Schule.
Es ist so schrecklich kalt in der Schule.
Ich ziehe meine warme Jacke an.
Es ist so schrecklich kalt in der Schule.
Ich binde meinen dicken Schal um, denn
Es ist so schrecklich kalt in der Schule.

Es ist so schrecklich heiß in der Schule.
Es ist so schrecklich heiß in der Schule.
Ich ziehe meine warme Jacke aus.
Es ist so schrecklich heiß in der Schule.
Ich setze meine dicke Mütze ab, denn
es ist so schrecklich heiß in der Schule.

Ich hab' die Hausaufgabe nicht verstanden.
Ich hab' die Hausaufgabe nicht verstanden.
Ich habe sie deshalb auch nicht gemacht.
Ich hab' die Hausaufgabe nicht verstanden.
Können Sie's mir bitte noch einmal erklär'n?
Denn:
Ich hab' die Hausaufgabe nicht verstanden.

Ich hab' die Hausaufgabe jetzt verstanden.
Ich hab' die Hausaufgabe jetzt verstanden.
Ich habe sie deshalb auch gleich gemacht.
Ich hab' die Hausaufgabe jetzt verstanden.
Sie haben sie mir wirklich gut erklärt, denn
Ich hab' die Hausaufgabe jetzt verstanden.

37

24. Ich habe keine Lust!

Ich ha- be kei- ne Lust, ha- be kei- ne Lust! Ich ha- be kei- ne Lust! Das macht doch kei- nen Spaß! Es ist so lang- wei- lig, ist so lang- wei- lig! Ich ha- be kei- ne Lust! Das macht doch kei- nen Spaß! Es ist so lang- wei- lig! Das macht doch kei- nen Spaß!

1. – Ich ha- be
2. – – –

Ich habe keine Lust, habe keine Lust!
Ich habe keine Lust!
Das macht doch keinen Spaß!

Es ist so langweilig,
Ist so langweilig!

Ich habe keine Lust!
Das macht doch keinen Spaß!

Es ist so langweilig!
Das macht doch keinen Spaß!

25. Das Nachhause-Lied

Nach links, nach rechts, geradeaus,
so geh'n wir beide jetzt nach Haus!
Ich weiß, du weißt, und jeder weiß,
wie diese lange Straße heißt. Olé!

Nach links,
Nach rechts,
Geradeaus –
So geh'n wir beide jetzt nach Haus.

Ich weiß,
Du weißt,
Und jeder weiß,
Wie diese lange Straße heißt. Olé!

Ich geh',
Du gehst,
Wir beide geh'n
Und bleiben nirgends lange steh'n.

Was ist
Denn das?
Ich weiß nicht, wie
Wir weitergeh'n nach Haus. O weh! Olé!

Nach links?
Nach rechts?
Wohin geh'n wir?
In welcher Straße sind wir hier?

Ganz klar:
Nimm doch
Die zweite links,
Und rechts vorbei am Kaufhaus "Frings". Olé

Dann kommt
Noch eine
Bäckerei.
Da laufen wir ganz schnell vorbei.

Und jetzt
Geh'n wir
Geradeaus.
Und endlich sind wir dann zu Haus. Olé!

Bäckerei Schmitz

Hinweise zu den Liedern

Abkürzungen:
V = Vorsänger
C = Chor

Lied 1: Wer? Wie? Was?
Echolied

a) Lehrer (Solist) – Schülergruppe (Echo)
b) 1 Schüler – Schülergruppe
c) Schülergruppe – Schülergruppe etc.

Da der Text sehr kurz ist: verschiedene Rhythmen anbieten (Walzer, Marsch etc.), jüngere Schüler können sich dazu entsprechend bewegen, durch das Klassenzimmer tanzen.

Laut, leise, traurig, fröhlich, langsam, schnell singen. Ihnen und Ihren Schülern fällt sicher noch mehr dazu ein.

Lied 2: Die Wochentage
Echolied

Wenn die Reihenfolge der Tage richtig beherrscht wird: Der Vorsänger irrt sich, der Chor muss aber richtig singen, z.B.:
Vorsänger: Mittwoch – Chor: Montag
Vorsänger: Freitag – Chor: Dienstag etc.

Man kann die Woche auch rückwärts singen: Sonntag, Samstag, Freitag etc. Sonst Variationen wie bei Lied 1.

Lied 3: Die Monate
Echolied
Siehe Lied 1 und 2.

Lied 4: Die Possessivpronomen
Echolied

Die Possessivpronomen auch mit "Hand", "Heft" etc. singen.

Zunächst langsam beginnen und die Reihenfolge der Personalpronomen einhalten. Besonders bei "er" und "sie" ein wenig verweilen. Dann das Genus wechseln. Achtung! Der Rhythmus ändert sich! Fangen Sie bitte mit einem maskulinen Substantiv an! Umgekehrt machen die Schüler sonst leichter Fehler. Also: "Ich – das ist mein Ball. Du – das ist dein Ball." etc. Erst dann: "Ich – das ist meine Hand. Du – das ist deine Hand." etc. Es ist leichter, eine Silbe rhythmisch hinzuzufügen als sie wegzulassen.

Zunächst singt der Lehrer mit der Gruppe, dann Lehrer -1 Schüler. Später: Personalpronomen ungeordnet (er, ich, sie, du etc.), erst langsam, dann Tempo steigern: "Wer macht alles richtig?" Sicher fallen Ihnen hierzu noch mehr Variationsmöglichkeiten ein.

Lied 5: Ich wohne hier ...

Chorlied zu "Wer? Wie? Was?", Band 1, Lektion 1, Seite 9.

Alle singen gemeinsam.

Auch mit "spielen", "turnen", "schlafen" etc.

Das Lied lässt sich mit vielen anderen Verben singen. Wenn das Schlusswort nicht dreisilbig ist, dann ändert man eben die Melodie bzw. den Rhythmus nach Bedarf. Keine Angst! Es handelt sich hier nicht um Kulturgut!

Lied 6: Das Konjugationslied
Chorlied

Hier können alle Verben wiederholt werden, die Ihre Schüler schon gelernt haben. Lassen Sie sich von Ihren Kindern Vorschläge machen.

Lied 7: Eins, zwei, Polizei
Chor- oder Echolied zu "Wer? Wie? Was", Band 1, Lektion 3, Seite 37.

Sicher finden Sie noch andere Strophen. Helfen Sie Ihren Schülern beim Reimen.

Lied 8: 1 +10 = 11
Chorlied

Hier kann man zunächst Rechenaufgaben stellen: "Wieviel ist 3 + 10?" etc. Danach biete ich meist das Lied an.

Lied 9: Ein Regenbogen
Chorlied zu "Wer? Wie? Was?", Band 1, Lektion 9, Seite 106.

Auch als Kanon zu singen. Ich habe es mit meinen Schülern als Tango gesungen. Dabei müssen dann allerdings die Farben in ihrer Reihenfolge vertauscht werden. Versuchen Sie es mal! Aber auch Walzer und Rock sind möglich.

Lied 10: Jeden Morgen kommen Kinder...
Chorlied

Übung der Zehnerreihe.

Achten Sie auf die Aussprache "dreißig - sechzig".

Lied 11: Am Montag ...
Chorlied zu "Wer? Wie? Was?", Band 1, Lektion 5, Seite 56.

Sehr geeignet, um die Inversion zu festigen. Gleichzeitig wiederholen Sie hier die Wochentage.

Lied 12: Meine Familie
Echolied zu "Wer? Wie? Was?", Band 1, Lektion 2, Seite 22.

Wenn der Text sicher beherrscht wird, können Sie "Quatschreime" finden lassen, z.B. "Meine Mutter heißt Renate. Meine Schwester heißt Tomate." etc. Oder Personen vertauschen: "Meine Mutter heißt Hans. Meine Oma heißt Franz." etc.
Der Lehrer singt "falsch" vor, der Chor stellt richtig - oder umgekehrt.

Lied 13: Ich kann nicht zur Schule geh'n
Echolied

Hier können Körperteile, Schulutensilien, Schulpersonal, Familienangehörige etc. wiederholt werden. Z.B. "... alles ist weg: Heft ist weg, Füller weg, Spitzer weg, ach du Schreck!"
Oder: "... alle sind krank: Papi krank, Mami krank, Schwester krank, alle krank." etc.
Wissen Sie noch mehr?

Lied 14: Wo ist Peter?
Frage-Antwort-Lied zu "Wer? Wie? Was?", Band 1, Lektion 4, Seite 47.

Erst fragt der Lehrer, später übernimmt ein Schüler die Rolle. Statt "Peter ist zu Haus." kann dann folgen "Peter ist bei Klaus." o.ä.

Das Lied hat sich als Hilfe bei der Arbeit mit der nicht ganz leichten Lektion 4 erwiesen.

Lied 15: Wohin gehst du?
Frage-Antwort-Lied zu "Wer? Wie? Was?", Band 1, Lektion 4, Seite 47/48.

Verfahren wie bei Lied 14.
Erweiterung: Antwort: "Ich gehe jetzt zu Peter. Wir gehen jetzt zu Klaus." etc.

Lied 16: Das Dativlied
Echolied

Hat sich als Hilfe zur Fehlervermeidung sehr bewährt. Wenn Sie wollen, fügen Sie die Präposition "gegenüber" ins Lied ein. Das geht leicht. Sie singen statt des ersten "... verlangt den Dativ": "... und gegenüber - verlangt den Dativ".

Zwar müsste es heißen "... verlangen den Dativ", aber ich beziehe mich beim Üben immer auf eine Präposition. Und so steht eben der Singular.

Lied 17: Die Fragen
Chorlied

Wir singen alle gemeinsam.

Lied 18: Das Akkusativ-Lied
Echolied

Übungshilfe für diese Gruppe der Präpositionen.

Lied 19: Auf die Frage "Wer?"
Chorlied

"Wer?" ist das Fragepronomen für das Subjekt. Die Antwort auf die Frage "Wer?" steht immer im Nominativ. Dieses Lied setze ich ein, wenn die Satzteile, Subjekt - Prädikat - Objekt, behandelt werden. Dabei verwende ich die Frage "Wer?" nicht nur für Personen, sondern auch für Dinge. Dadurch bleibt die Frage "Was?" zunächst ausschließlich dem Akkusativ-Objekt vorbehalten. Das hilft, Irrtümer zu vermeiden.

Lied 20: Ich brauche mal den Schlüssel
Chorlied oder auch Echolied

Alltagssituationen in der Schule sind in eine Melodie gesetzt. Andere Texte sind hier möglich.
Z.B. "Ich hab' das nicht verstanden, können Sie's nochmal erklär'n?"
Oder: "Es hat schon längst geklingelt, die Stunde ist vorbei." etc.

Lied 21: Das Supermann-Lied:
Echolied
Als Übungs- und Festigungshilfe für den Dativ gedacht. Der Text lässt sich beliebig erweitern.

Z.B. "Ich spiele mit der Katze."
"Ich schreibe mit dem Füller."
"Er malt mit dem Pinsel."
"Wir rechnen mit dem Lehrer." etc.

Lied 22: Warum kommst du ...?
Chorlied

Variante: "Warum kommst du schon wieder zu spät, Andrés?"
Andrés antwortet: "Ich habe den Wecker nicht gehört."
"Meine Mutter hat mich nicht geweckt." etc.
Der Name in der Frage (Andrés) rückt in die Pause der ersten Liedzeile.

Die Schüler sind erfinderisch. Achten Sie aber darauf, dass der Rhythmus nicht allzu sehr ins Stolpern gerät, sonst werden die Schülervorschläge leicht zu "sorglos".

In manchen Zensurensystemen ist das "I" das Kürzel für die Note "insuffizient", die dem deutschen "Ungenügend" entspricht.

Lied 23: Schulalltag
Chorlied zu "Wer? Wie? Was?", Band 1, Lektion 13, S. 146, zusätzlich mit der Adjektivdeklination.

Auf diese Melodie können Sie alle möglichen Texte machen. Der Schulalltag bietet genügend Anregungen: "Wann schreiben wir denn endlich das Examen?" - "Herr B. ist krank, wir haben heut' kein Deutsch." etc.

Für "Gitarristen": A-Dur, und dann rutschen Sie einfach einen Bund nach unten. Wann, das hören Sie schon. Das klingt schräg und fast richtig.

Lied 24: Ich habe keine Lust!
Chorlied

Der Text sollte auch ins Positive "verkehrt" werden:
"Ich habe große Lust... - Das macht mir großen Spaß ..." etc.

Lied 25: Das Nachhause-Lied
Nachhauselied im Tangoschritt
Im Tangorhythmus zu singen.
Dieses Lied ist viel leichter, als Sie es beim ersten Hören vermuten!

Quellenhinweis:
Lied 9, Seite 15: Text von Josef Guggenmoos: Der Regenbogen. Aus: Josef Guggenmoos: Was denkt die Maus am Donnerstag?

© by Georg Bitter Verlag, Recklinghausen, 1967

Lied 11, Seite 18: Text Harald Seeger

Lied 25, Seite 40: Text Harald Seeger

Nachwort

Liebe Kollegin, lieber Kollege!

In der DaF-Stunde sollte eigentlich immer gute Laune herrschen. Wenn Ihre "Bande" nicht "in Stimmung" scheint, ist es an Ihnen, der Situation einen fröhlichen Dreh zu geben. Je jünger unsere Schüler sind, desto häufiger müssen wir die Methode wechseln, denselben Stoff anders gestalten, anders "verkaufen". Hier kann zum Beispiel ein Lied helfen. Aber da hakt es dann meist.

Deutsches Liedgut denkt nicht an Fremdsprachenschüler. Fast immer machen lange Texterklärungen, neue Vokabeln, Textlernen den guten Ansatz zunichte. Oft ist auch die Intonation der Wörter durch den Rhythmus der Melodie verfälscht, ist der gesamte Satzbau so umgestaltet, dass erst langwieriges Erklären das Rätsel löst und zum Verständnis führt. Ehe man also zum Singen kommt, ist die Lust dazu schon vergangen. Die Konsequenz: Man macht sich eben seine Lieder selbst.

Ein DaF-Lied soll einfach sein im Text, seine Melodie sofort ins Ohr gehen und leicht zu behalten sein. Lieder und Unterrichtsstoff stehen im engen Zusammenhang. Ich biete die Texte und Melodien erst dann an, wenn das entsprechende Problem bzw. Thema im Unterricht behandelt worden ist. Dann etwa so: "Ach, dazu könnte man doch vielleicht ein Lied machen! Hört mal zu!... Was meint ihr?" Natürlich habe ich dann schon etwas vorbereitet.

Neben Gedichten bilden "Redemittel", "Merksätze", "Grammatikprobleme" aus dem Inhalt von "Wer? Wie? Was?" und dem Alltag die Grundlage für die Texte. Deshalb sind die Lieder als Ergänzung zu "Wer? Wie? Was?" geeignet, lassen sich aber natürlich auch lehrwerksunabhängig einsetzen. Die Melodien dazu sind mir eingefallen, indem ich auf einer Gitarre über die drei oder vier Harmonien, die ich beherrsche, eine einfache Notenfolge gelegt habe. Meist in D-Dur, weil das am leichtesten ist. Mein geringes Können auf dem Instrument ließ virtuose Kompositionen erst gar nicht zu.

Was sollen die DaF-Lieder leisten? - Sie sind eine Hilfe zum Methodenwechsel innerhalb der Unterrichtsstunde, sind als Erinnerungs-, Lern-, Wiederholungs- und/oder Festigungsübung gedacht. Vor allen Dingen aber sollen sie Spaß machen! Ich lasse die Texte deshalb selten aufschreiben - höchstens bei Gedichten. Häufiges Singen hält das Gedächtnis frisch. Zu Beginn des Unterrichts, nach einer anstrengenden Sequenz oder am Ende der DaF-Stunde, wenn allen "die Köpfe rauchen" - kurz, wann immer Sie meinen oder die Kinder es fordern, kann solch ein eingängiges, leichtes Lied die Gemüter erfrischen und bringt zudem noch einen Lerngewinn. Wenn Sie Ihre Schüler an die Liedtexte heranführen wollen, bieten sich die Illustrationen zum Buntmalen dafür als Motivationshilfe an.

Sie sind eine erfahrene Kollegin bzw. ein erfahrener Kollege. Wie Sie die Lieder einführen, überlasse ich Ihnen. Man braucht dazu kein Musiklehrer zu sein. Ich bin auch keiner. Nur ein Tipp: Bei den Echoliedern sollten zunächst stets Sie selbst der Solist sein. Wenn genügende Textsicherheit bei Ihren Schülern besteht, können Sie die Rolle an einen oder mehrere Sänger abgeben.

Übrigens, wenn Ihre Schüler merken, dass Ihnen das Singen selbst Spaß bereitet, werden Sie sehr schnell fröhliche und engagierte Sänger in Ihrer Klasse haben. Erfahrungsgemäß wollen die Kinder die Lieder rhythmisch unterstützen. Um so besser! Das hilft entspannen.

Unsere Audio-CD haben wir bewusst nicht mit einem professionellen Kinderchor, sondern mit dem Schulchor eines Kölner Gymnasiums, in dem auch einige ausländische Schüler mitsingen, aufgenommen. Wenn Sie sich die Zeit nehmen und die Lieder auf der CD anhören, werden Sie sicher sagen: Das ist doch einfach! Das kann ich auch! - Natürlich können Sie das! Versuchen Sie es gleich einmal! Machen Sie selbst Lieder! Die werden sicherlich viel besser, und Ihre Schüler freuen sich. Und damit wäre mein Anliegen erfüllt.

Viel Spaß wünscht Ihnen und Ihren Schülern

Ihr Manfred Wahl

Die Audio CD zum Liederheft!

- Tonaufnahmen aller 25 Lieder

- Aufnahme mit Manfred Wahl und dem Chor des Hildegard-von-Bingen-Gymnasiums, Köln, unter der Leitung von Ulrich Hagen

Bestellnr. **002**

Manfred Wahl und seine Freunde aus Köln

Leichte Lektüre für das erste Lernjahr DaF

Eine Woche mit Tanja	Bestellnr.	**009**
Martin hat Geburtstag	Bestellnr.	**008**
Tanja und Martin im Zoo	Bestellnr.	**007**

32 Seiten, zum Ausmalen illustriert, mit vielen lustigen Übungen